LearnVerbs.com

LEARN 101 GALICIAN VERBS IN 1 DAY

APRENDE 101 VERBOS EN GALLEGO EN 1 DÍA

RORY RYDER

Published by
Tsunami Systems, S.L. (Cabré i Associats)
Plaza Urquinaona 11, 3° 2ª, 08010 Barcelona, Spain.
www.learnverbs.com

First Edition Tsunami Systems S.L. 2004
First reprint Tsunami Systems S.L. 2005

English Version
ISBN 84-611-0654-7

Illustrated by Francisco Garnica
Photoshop specialist by Olivia Branco, olivia_branco@yahoo.es

Printed and bound by IGOL S.A.
San Gabriel, 50, 08950, Esplugues de Llobregat, Spain

Editorial
Tsunami Systems, S.L. (Cabré i Associats)
Plaza Urquinaona 11, 3° 2ª, 08010 Barcelona, Spain.
www.learnverbs.com

Primera Edition Tsunami Systems S.L. 2004

Versión española
ISBN 84-611-0655-5

Ilustraciones - Francisco Garnica
Retoque de las imágenes - Olivia Branco, olivia_branco@yahoo.es

Edición subvencionada por la Secretaría Xeral de Política Lingüística (Xunta de Galicia)

Prologue

Galician

Galician is the language of Galicia, an autonomous region situated in the north east of Spain, and north of Portugal. It's the official language of the region, along with Castilian Spanish. It is spoken by 91% of the population and is the working language in the Galician Parlament, in schools, in the media, sport and so on. It's easy to understand Galician if you know Portuguese, Spanish or even Italian, due to its Latin origins.

Learning basic Galician, makes it easier to communicate with the Galician people living in Galicia, but also with the many Galicians spread out all over the world. Moreover, learning Galician could be a gateway to literature and a culture which is definitely worth getting to know.

Galician: Some History

Galician, is "the historical language of Galicia", according to the Statute of the Autonomous region of Galicia. Galician basically derives from the Latin of the North East of the Peninsula in the First century. This territory of late romanisation, known as the province of Gallaecia, was made up of the current Galicia, up to Asturias in the East, and down to the River Duero in the South. The Latin used in this region evolved until a new dialect of Galician-Potuguese was born.

The first texts written in this language date from the Twelfth Century, when Galicia and Portugal separated their administrations at the River Miño, the natural border. Regardless of this division, the same language was used in both territories.

Thanks to the cultural importance that Galicia enjoyed at the time, its language was an important driving force in song, religious poetry and prose in the Iberian Peninsula from the Twelfth Century up until the Fifteenth Century. However, once the Reconquest of the fifteenth century was over, the linguistic map was formed according to the most influential kingdoms. Consequently, languages such as Castilian and Portuguese, who were backed up by their own kingdoms, gained linguistic territory, prestige, meanwhile Galician was left without an established linguistic protocol, and therefore being limited to indigenous use by the most humble classes during a time known as the "Dark Centuries".

In spite of this, from the Nineteenth Century, a time of romanticism and nationalism, new voices called for a Galician linguistic revival. This was started by a process of regeneration and written cultivation of the Galician language, and even the setting up of the Royal Academy of Galician in 1906.

Nevertheless, the hopes of the Galician movement were quickly put to a halt with the Civil War in 1936. This era was a period of persecution and penalisation of any scientific or cultural cultivation of Galician, including the proscription of the language in the education system or in the media. The situation remained the same until the latter years of the Franco dictatorship when there was greater tolerance of the regional languages in Spain.

Democracy brought the 1978 Constitution and the Autonomous Statute of Galicia in 1981, acknowledging Galician as the official language of the territory.

Kristal Veiga Novoa

Prólogo

El gallego

El gallego es la lengua de Galicia, comunidad autónoma situada en el noroeste de España, al norte de Portugal. Cooficial junto al castellano, es hablada por el 91% de la población, y lengua cotidiana en el Parlamento, la escuela, los medios de comunicación, el deporte, etc. Por su origen latino, es fácil llegar a ella desde el portugués, el castellano o incluso el italiano.

Aprender nociones básicas sobre la lengua gallega facilita la comunicación con los gallegos afincados en Galicia, pero también con una amplia comunidad de gallegos esparcidos por todo el mundo, y puede ser puerta de entrada a una singular producción literaria y cultural que merece la pena conocer.

El gallego, un poco de historia

El gallego, que es "la lengua propia de Galicia" según el Estatuto de la Comunidad Autónoma Gallega, proviene básicamente del latín llegado al noroeste peninsular en el s. I d.C. Este territorio de tardía romanización se constituye como la provincia de Gallaecia y abarcaba, además de la actual Galicia, hasta Asturias por el este y hasta el río Duero por el sur. El latín de esta zona fue evolucionando hasta dar paso sobre el s. VIII a un nuevo dialecto latino denominado gallego-portugués. Los primeros textos escritos íntegramente en este idioma datan del s. XII, cuando ocurre también la separación administrativa, de Galicia y Portugal sobre la frontera natural del río Miño.

Gracias al peso cultural del que entonces disfrutaba Galicia, su idioma fue vehículo predominante de la lírica, poesía religiosa y prosa en la Península Ibérica desde el s. XII hasta el XV. Sin embargo, acabada la lucha de la reconquista en el s. XV, el mapa lingüístico peninsular fue tomando forma según qué cortes hubiesen resultado más beneficiadas. Así pues, mientras algunas lenguas, como el castellano y el portugués, con reinos propios que las respaldaban, iban ganando territorio de habla, prestigio y fijación normativa, el gallego se queda sin una nobleza autóctona que lo usase y, por lo tanto, queda relegado al uso en la oralidad de las clases más humildes durante lo que se denominan sus "Siglos Obscuros".

A pesar de esto, desde el s. XIX, de la mano del romanticismo y los nacionalismos, nuevas voces reivindican el resurgir de Galicia y su idioma. Comenzaba un proceso de regeneración y cultivo escrito de la lengua gallega, llegando incluso a ver instituida su Real Academia Gallega en 1906.

Pero las esperanzas del movimiento galleguista se ven abruptamente truncadas con la sublevación falangista del año 1936, que resultó en un período de persecución y penalización de cualquier cultivo científico o cultural del gallego y de proscripción del mismo en el sistema educativo y medios de comunicación por lo menos hasta los últimos años, algo más tolerantes, de la dictadura franquista.

La democracia trajo consigo la Constitución de 1978 y el Estatuto de Autonomía de Galicia en 1981 que aseguran a cooficialidad de las lenguas gallega y castellana dentro del territorio autonómico.

Kristal Veiga Novoa

Prólogo

O galego

O galego é a lingua de Galicia, comunidade autónoma situada no noroeste de España, ao norte de Portugal. Cooficial xunto co castelán, é falada polo 91% da poboación e é lingua cotiá no Parlamento, na escola, nos medios de comunicación, no deporte, etc. Pola súa orixe latina, é doado chegar a ela desde o portugués, o castelán, ou mesmo desde o italiano.

Aprender nocións básicas sobre a lingua galega facilita a comunicación cos galegos asentados en Galicia, pero tamén cunha ampla comunidade de galegos esparexidos por todo o mundo, e mais pode ser porta de entrada a unha senlleira produción literaria e cultural que paga a pena coñecer.

O galego, un pouco de historia

O galego, que é "a lingua propia de Galicia", segundo o Estatuto da Comunidade Autónoma galega, provén basicamente do latín chegado ao noroeste peninsular no século I d. C. Este territorio de tardía romanización constituíuse como a provincia de Gallaecia e abranguía, ademais da actual Galicia, ata Asturias polo leste e ata o río Douro polo sur. O latín desta zona foi evolucionando ata dar paso sobre o século VIII a un novo dialecto latino denominado galego-portugués. Os primeiros textos escritos integramente neste idioma datan do século XII, cando ocorre tamén a separación administrativa de Galicia e Portugal sobre a fronteira natural do río Miño.

Grazas ao peso cultural do que daquela gozaba Galicia, o seu idioma foi vehículo predominante da lírica, da poesía relixiosa e da prosa na Península Ibérica desde o século XII ata o XV. Porén, rematada a loita da reconquista no século XV, o mapa lingüístico peninsular foi tomando forma segundo que cortes resultasen máis beneficiadas. Así, mentres algunhas linguas, como o castelán e o portugués, con reinos propios que as apoiaban, ían gañando territorio de fala, prestixio e fixación normativa, o galego queda sen unha nobreza autóctona que o empregase e, polo tanto, queda relegado ao uso na oralidade das clases máis humildes, durante o que se denominan os seus séculos escuros.

Con todo, desde o século XIX, da man do romanticismo e dos nacionalismos, novas voces reivindican o rexurdir de Galicia e do seu idioma. Comezaba un proceso de rexeneración e cultivo escrito da lingua galega que incluso chegou a ver instituída a súa Real Academia Galega en 1906.

Pero as esperanzas do movemento galeguista vense abruptamente truncadas coa sublevación falanxista do ano 1936, que resultou nun período de persecución e penalización de calquera cultivo científico ou cultural do galego e de proscrición deste no sistema educativo e nos medios de comunicación, polo menos ata os últimos anos, algo máis tolerantes, da ditadura franquista.

A democracia trouxo canda si a Constitución de 1978 e o Estatuto de autonomía de Galicia en 1981 que aseguran a cooficialidade das linguas galega e castelá dentro do territorio autonómico.

Kristal Veiga Novoa

Reviews

Testimonials from Heads of M.F.L. & Teachers using the books with their classes around the U.K.

Suzi Turner – ***Hulme Hall Grammar School*** – "An invaluable and motivational learning tool which is bright and focused and easy for pupils to relate to. I think it's an extremely clever idea and I wish I'd thought of it myself - and got it published! Both the pupils & myself loved using it."

Mrs. K. Merino – ***Head of Spanish*** – North London Collegiate School – "My students really enjoy the pictures because they are intriguing and amusing and they thought it was excellent for revising for their GCSE Spanish exams."

Maggie Bowen – ***Head of Year 11*** – Priory Community School - "An innovative & motivating book that fires the imagination, turning grammar into a non-frightening & enlightening element of learning a language. A much awaited medium that helps to accelerate student's learning & achievement."

Karen Brooks – ***Spanish Teacher*** – Penrice Community College – " Verbs are bought to life in this book through skilful use of humorous storytelling. This innovative approach to language learning transforms an often dull and uninspiring process into one which is refreshing and empowering."

Susana Boniface - *Kidderminster College* -"Beautifully illustrated, amusing drawings, guaranteed to stay easily in the mind. A very user-friendly book. Well Done!"

Lynda McTier – *Lipson Community College* - "No more boring grammar lessons!!! This book is a great tool for learning verbs through excellent illustrations. A must-have for all language learners."

Christine Ransome – *Bearwood College* - "A real gem of a linguistic tool which will appeal to both the serious scholar and the more casual learner. The entertaining presentation of basic grammar is inspirational, and its simplicity means more retained knowledge, especially amongst dyslexic language scholars."

Introduction

Memory When learning a language, we often have problems remembering the words; it does not mean we have totally forgotten them. It just means that we can't recall them at that particular moment. This book is designed to help people recall the verbs and their conjugations instantly.

The Research Research has shown that one of the most effective ways to remember something is by association. The way the verb (keyword) has been hidden in each illustration to act as a retrieval cue stimulates long-term memory. This method is 7 times more effective than passively reading and responding to a list of verbs.

> *"I like the idea of pictures to help students learn verbs. This approach is radically different from many other more traditional approaches. I feel that many students will find this approach effective and extremely useful in their language learning."*
>
> **Cathy Yates** – *Mid Warwickshire College*

New Approach Most grammar and verb books relegate the vital task of learning verbs to a black & white world of bewildering tables, leaving the student bored and frustrated. LEARN 101 VERBS IN 1 DAY is committed to clarifying the importance of this process through stimulating the senses not by dulling them.

Beautiful Illustrations The illustrations come together to form a story, an approach beyond conventional verb books. To make the most of this book, spend time with each picture to become familiar with everything that is happening. The pictures construct a story involving characters, plots & subplots, with clues

> *"An innovative way of looking at the often tedious task of learning verbs. Clever illustrations are memorable and this is the way forward – visual interest is vital for the modern day pupil."*
>
> **Tessa Judkins** – *Canbury School*

that add meaning to other pictures. Some pictures are more challenging than others, adding to the fun but, more importantly, aiding the memory process.

Keywords We have called the infinitive the 'keyword' to refer to its central importance in remembering the 36 ways it can be used. Once you have located the keyword and made the connection with the illustration, you can start to learn each colour-tense.

> "Apart from the colourful and clear layout of the verbs, the wonderful pictures are a source of inspiration even for the most bored of minds and can lead to all kinds of discussions at different levels of learning. Hiding the verbs in the picture is a great version of "Where's Wally" AND the book has a story-line!"
>
> **Andy Lowe** – The Bolitho School

Colour-Coded Verb Tables The verb tables are designed to save learners valuable time by focusing their attention and allowing them to make immediate connections between the subject and verb. Making this association clear & simple from the beginning gives them more confidence to start speaking the language.

Independent Learning LEARN 101 VERBS IN 1 DAY can be used as a self-study book, or it can be used as part of a teacher-led course. Pronunciation of all the verbs and their conjugations (spoken by a native speaker) are available online at:

> *"The online pronunciation guide is an excellent tool. Why bother with silly phonetics when you can actually hear a native speaker pronounce it?"*
>
> *www.barcelonaconnect.com*

🔊 www.learnverbs.com.

Master the Verbs Once you are confident with each colour-tense, congratulate yourself because you will have learnt over 3600 verb forms - an achievement that takes some people years to master!

Introducción

Recordar El hecho de no recordar un verbo en un momento determinado no significa que lo hayamos olvidado por completo. Este libro está diseñado para ayudarnos a recordar rápidamente el verbo y sus conjugaciones.

Ilustraciones Las características más innovadoras de este libro son la ilustración de una situación para entender o recordar el significado del verbo en cuestión y la utilización de un código de colores para identificar los tiempos verbales.

> *"Me encanta la idea de usar dibujos para ayudar a los alumnos a aprender los verbos. Este enfoque es totalmente diferente al utilizado por la mayoría de gramáticas tradicionales. Estoy convencida de que para muchos alumnos este método será una herramienta útil y eficaz".*
>
> **Cathy Yates** – *Mid Warwickshire College*

Enfoque Revolucionario Learn 101 Verbs in 1 Day representa un enfoque revolucionario en el aprendizaje de idiomas, centrándose en los verbos más utilizados y facilitando su rápida memorización o su simple repaso.

Aprendizaje Básico No cabe duda que el aprendizaje de las conjugaciones verbales es básico para alcanzar el dominio de cualquier lengua. A pesar de ello, la mayoría de gramáticas relegan este aspecto a una multitud de tablas desconcertantes y monótonas que simplemente consiguen la frustración y el abandono del alumno.

> *"Presentación colorista e ilustraciones atractivas que motivan al lector y le ayudan a reconocer los verbos".*
>
> **Kant Mann** – *Beechen Cliff*

En cambio, el libro que tiene en sus manos hará del estudio de los tiempos verbales una experiencia divertida y gratificante gracias al uso de ilustraciones llamativas y tablas de colores, ahorrándole tiempo y animándole al uso de la expresión oral del idioma.

Innovación Pedagógica Diversos estudios han demostrado que una de las estrategias más eficaces que existen para recordar lo aprendido es la asociación de ideas. Por ello, la forma en la que el verbo se esconde en cada ilustración no es casual. El aprendizaje activo y no la lectura pasiva de un listado de infinitivos quintuplica su facilidad para una memorización posterior.

Para aprovechar al máximo este libro, examine con detenimiento cada ilustración hasta familiarizarse con todos los detalles. Descubrirá un relato, personajes que aparecen en diversas ocasiones, simbolismos, argumentos principales y secundarios e ilustraciones que se complementan las unas con las otras.

En algunos casos, le será difícil descifrar el verbo que describe la situación. Pero no se preocupe, ello estimulará tanto su interés como la memoria.

> *"Claro y útil para distinguir las formas verbales. Considerado el mejor libro de verbos por los alumnos".*
>
> **Andrea White** – *Bristol Grammar School*

Palabras Clave El infinitivo constituye la palabra clave ya que mediante su aprendizaje y visualización conseguirá recordar fácilmente las treinta y seis formas en que puede ser usado. Una vez haya localizado el verbo y la ilustración, puede empezar a estudiar cada color (que marca un tiempo verbal)

Estimulando el Aprendizaje Autónomo Learn 101 Verbs in 1 day puede ser utilizado como libro de autoaprendizaje o puede complementar cualquier método o clase. La pronunciación de los verbos y sus respectivas conjugaciones puede consultarse en Internet en la siguiente página web:

www.learnverbs.com.

La guía de pronunciación online es una herramienta excelente. ¿Por qué complicarse en explicar símbolos fonéticos cuando se puede oír la pronunciación de un nativo?

> *"La guía de pronunciación online es una herramienta excelente. ¿Por qué complicarse en explicar símbolos fonéticos cuando se puede oír la pronunciación de un nativo?"*
>
> *www.barcelonaconnect.com*

Domine los Verbos Rápidamente Una vez se haya familiarizado con cada color (tiempo verbal), ¡enhorabuena! – Significa que ha aprendido más de 3600 formas verbales en un tiempo récord, ya que muchas personas tardan años en conseguirlo.

Age guide

AGE	Locate all verbs in the 101 illustrations.	Learn Tense(s).	Build sentences using the verbs	Go to webside and learn the pronunciation of the verb.	Have full command of all conjugations spoken and written.
8-12	✓	●	✗	✗	✗
12-16	✓	● ● ●	✓	✓	✗
Avanzado	✓	● ● ● ● ● ●	✓	✓	✓

Manual de uso por edades

EDAD	Identificar los verbos de las 101 ilustraciones.	Aprender los tiempos verbales.	Hacer frases con los verbos.	Aprender la pronunciación de los verbos online.	Dominar las conjuga-ciones a nivel oral y escrito.
8-12	✓	●	✗	✗	✗
12-16	✓	● ● ●	✓	✓	✗
Avanzado	✓	● ● ● ● ● ●	✓	✓	✓

	Presente	Copretérito	Pretérito	Antepretérito	Futuro	Pospretérito
Eu	dirixo	dirixía	dirixín	dirixira	dirixirei	dirixiría
Ti	dirixes	dirixías	dirixiches	dirixiras	dirixirás	dirixirías
El Ela Vde.	dirixe	dirixía	dirixiu	dirixira	dirixirá	dirixiría
Nós	diriximos	dirixiamos	diriximos	dirixiramos	dirixiremos	dirixiriamos
Vós	dirixides	dirixiades	dirixistes	dirixirades	dirixiredes	dirixiriades
Eles Elas Vdes.	dirixen	dirixían	dirixiron	dirixiran	dirixirán	dirixirían

learnverbs.com

	Presente	Copretérito	Pretérito	Antepretérito	Futuro	Pospretérito
Eu	teño	tiña	tiven	tivera	terei	tería
Ti	tes	tiñas	tiveches	tiveras	terás	terías
El Ela Vde.	ten	tiña	tivo	tivera	terá	tería
Nós	temos	tiñamos	tivemos	tiveramos	teremos	teriamos
Vós	tendes/tedes	tiñades	tivestes	tiverades	teredes	teriades
Eles Elas Vdes.	teñen	tiñan	tiveron	tiveran	terán	terían

	Presente	Copretérito	Pretérito	Antepretérito	Futuro	Pospretérito
Eu	quero	quería	quixen	quixera	quererei	querería
Ti	queres	querías	quixeches	quixeras	quererás	quererías
El Ela Vde.	quere	quería	quixo	quixera	quererá	querería
Nós	queremos	queriamos	quixemos	quixeramos	quereremos	quereriamos
Vós	queredes	queriades	quixestes	quixerades	querereredes	quereriades
Eles Elas Vdes.	queren	querían	quixeron	quixeran	quererán	quererían

	Presente	Copretérito	Pretérito	Antepretérito	Futuro	Pospretérito
Eu	podo	podía	puiden	puidera	poderei	podería
Ti	podes	podías	puideches	puideras	poderás	poderías
El Ela Vde.	pode	podía	puido	puidera	poderá	podería
Nós	podemos	podiamos	puidemos	puideramos	poderemos	poderiamos
Vós	podedes	podiades	puidestes	puiderades	poderedes	poderiades
Eles Elas Vdes.	poden	podían	puideron	puideran	poderán	poderían

	Presente	Copretérito	Pretérito	Antepretérito	Futuro	Pospretérito
Eu	creo	creaba	creei	creara	crearei	crearía
Ti	creas	creabas	creaches	crearas	crearás	crearías
El Ela Vde.	crea	creaba	creou	creara	creará	crearía
Nós	creamos	creabamos	creamos	crearamos	crearemos	creariamos
Vós	creades	creabades	creastes	crearades	crearedes	creariades
Eles Elas Vdes.	crean	creaban	crearon	crearan	crearán	crearían

	Presente	Copretérito	Pretérito	Antepretérito	Futuro	Pospretérito
Eu	pinto	pintaba	pintei	pintara	pintarei	pintaría
Ti	pintas	pintabas	pintaches	pintaras	pintarás	pintarías
El Ela Vde.	pinta	pintaba	pintou	pintara	pintará	pintaría
Nós	pintamos	pintabamos	pintamos	pintaramos	pintaremos	pintariamos
Vós	pintades	pintabades	pintastes	pintarades	pintaredes	pintariades
Eles Elas Vdes.	pintan	pintaban	pintaron	pintaran	pintarán	pintarían

	Presente	Copretérito	Pretérito	Antepretérito	Futuro	Pospretérito
Eu	bailo	bailaba	bailei	bailara	bailarei	bailaría
Ti	bailas	bailabas	bailaches	bailaras	bailarás	bailarías
El Ela Vde.	baila	bailaba	bailou	bailara	bailará	bailaría
Nós	bailamos	bailabamos	bailamos	bailaramos	bailaremos	bailariamos
Vós	bailades	bailabades	bailastes	bailarades	bailaredes	bailariades
Eles Elas Vdes.	bailan	bailaban	bailaron	bailaran	bailarán	bailarían

learnverbs.com

	Presente	Copretérito	Pretérito	Antepretérito	Futuro	Pospretérito
Eu	leo	lía	lin	lera	lerei	lería
Ti	les	lías	liches	leras	lerás	lerías
El Ela Vde.	le	lía	leu	lera	lerá	lería
Nós	lemos	liamos	lemos	leramos	leremos	leriamos
Vós	ledes	liades	lestes	lerades	leredes	leriades
Eles Elas Vdes.	len	lían	leron	leran	lerán	lerían

	Presente	Copretérito	Pretérito	Antepretérito	Futuro	Pospretérito
Eu	deixo	deixaba	deixei	deixara	deixarei	deixaría
Ti	deixas	deixabas	deixaches	deixaras	deixarás	deixarías
El Ela Vde.	deixa	deixaba	deixou	deixara	deixará	deixaría
Nós	deixamos	deixabamos	deixamos	deixaramos	deixaremos	deixariamos
Vós	deixades	deixabades	deixastes	deixarades	deixaredes	deixariades
Eles Elas Vdes.	deixan	deixaban	deixaron	deixaran	deixarán	deixarían

learnverbs.com

	Presente	Copretérito	Pretérito	Antepretérito	Futuro	Pospretérito
Eu	atopo	atopaba	atopei	atopara	atoparei	atoparía
Ti	atopas	atopabas	atopaches	atoparas	atoparás	atoparías
El Ela Vde.	atopa	atopaba	atopou	atopara	atopará	atoparía
Nós	atopamos	atopabamos	atopamos	atoparamos	atoparemos	atopariamos
Vós	atopades	atopabades	atopastes	atoparades	atoparedes	atopariades
Eles Elas Vdes.	atopan	atopaban	atoparon	atoparan	atoparán	atoparían

	Presente	Copretérito	Pretérito	Antepretérito	Futuro	Pospretérito
Eu	medro	medraba	medrei	medrara	medrarei	medraría
Ti	medras	medrabas	medraches	medraras	medrarás	medrarías
El Ela Vde.	medra	medraba	medrou	medrara	medrará	medraría
Nós	medramos	medrabamos	medramos	medraramos	medraremos	medrariamos
Vós	medrades	medrabades	medrastes	medrarades	medraredes	medrariades
Eles Elas Vdes.	medran	medraban	medraron	medraran	medrarán	medrarían

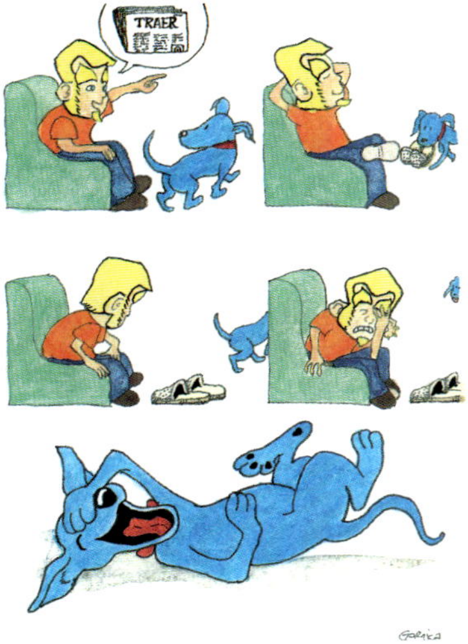

learnverbs.com

	Presente	Copretérito	Pretérito	Antepretérito	Futuro	Pospretérito
Eu	traio	traía	trouxen	trouxera	traerei	traería
Ti	traes	traías	trouxeches	trouxeras	traerás	traerías
El Ela Vde.	trae	traía	trouxo	trouxera	traerá	traería
Nós	traemos	traïamos	trouxemos	trouxeramos	traeremos	traeriamos
Vós	traedes	traïades	trouxestes	trouxerades	traeredes	traeriades
Eles Elas Vdes.	traen	traían	trouxeron	trouxeran	traerán	traerían

	Presente	Copretérito	Pretérito	Antepretérito	Futuro	Pospretérito
Eu	cociño	cociñaba	cociñei	cociñara	cociñarei	cociñaría
Ti	cociñas	cociñabas	cociñaches	cociñaras	cociñarás	cociñarías
El Ela Vde.	cociña	cociñaba	cociñou	cociñara	cociñará	cociñaría
Nós	cociñamos	cociñabamos	cociñamos	cociñaramos	cociñaremos	cociñariamos
Vós	cociñades	cociñabades	cociñastes	cociñarades	cociñaredes	cociñariades
Eles Elas Vdes.	cociñan	cociñaban	cociñaron	cociñaran	cociñarán	cociñarían

	Presente	Copretérito	Pretérito	Antepretérito	Futuro	Pospretérito
Eu	gusto	gustaba	gustei	gustara	gustarei	gustaría
Ti	gustas	gustabas	gustaches	gustaras	gustarás	gustarías
El Ela Vde.	gusta	gustaba	gustou	gustara	gustará	gustaría
Nós	gustamos	gustabamos	gustamos	gustaramos	gustaremos	gustariamos
Vós	gustades	gustabades	gustastes	gustarades	gustaredes	gustariades
Eles Elas Vdes.	gustan	gustaban	gustaron	gustaran	gustarán	gustarían

	Presente	Copretérito	Pretérito	Antepretérito	Futuro	Pospretérito
Eu	abro	abría	abrín	abrira	abrirei	abriría
Ti	abres	abrías	abriches	abriras	abrirás	abrirías
El Ela Vde.	abre	abría	abriu	abrira	abrirá	abriría
Nós	abrimos	abriamos	abrimos	abriramos	abriremos	abririamos
Vós	abrides	abriades	abristes	abrirades	abriredes	abririades
Eles Elas Vdes.	abren	abrían	abriron	abriran	abrirán	abrirían

learnverbs.com

	Presente	Copretérito	Pretérito	Antepretérito	Futuro	Pospretérito
Eu	bebo	bebía	bebín	bebera	beberei	bebería
Ti	bebes	bebías	bebiches	beberas	beberás	beberías
El Ela Vde.	bebe	bebía	bebeu	bebera	beberá	bebería
Nós	bebemos	bebiamos	bebemos	beberamos	beberemos	beberiamos
Vós	bebedes	bebiades	bebestes	beberades	beberedes	beberiades
Eles Elas Vdes.	beben	bebían	beberon	beberan	beberán	beberían

	Presente	Copretérito	Pretérito	Antepretérito	Futuro	Pospretérito
Eu	canto	cantaba	cantei	cantara	cantarei	cantaría
Ti	cantas	cantabas	cantaches	cantaras	cantarás	cantarías
El Ela Vde.	canta	cantaba	cantou	cantara	cantará	cantaría
Nós	cantamos	cantabamos	cantamos	cantaramos	cantaremos	cantariamos
Vós	cantades	cantabades	cantastes	cantarades	cantaredes	cantariades
Eles Elas Vdes.	cantan	cantaban	cantan	cantaran	cantarán	cantarían

	Presente	Copretérito	Pretérito	Antepretérito	Futuro	Pospretérito
Eu	durmo	durmía	durmín	durmira	durmirei	durmiría
Ti	dormes	durmías	durmiches	durmiras	durmirás	durmirías
El Ela Vde.	dorme	durmía	durmiu	durmira	durmirá	durmiría
Nós	durmimos	durmiamos	durmimos	durmiramos	durmiremos	durmiriamos
Vós	durmides	durmiades	durmistes	durmirades	durmiredes	durmiriades
Eles Elas Vdes.	dormen	durmían	durmiron	durmiran	durmirán	durmirían

	Presente	Copretérito	Pretérito	Antepretérito	Futuro	Pospretérito
Eu	baixo	baixaba	baixei	baixara	baixarei	baixaría
Ti	baixas	baixabas	baixaches	baixaras	baixarás	baixarías
El Ela Vde.	baixa	baixaba	baixou	baixara	baixará	baixaría
Nós	baixamos	baixabamos	baixamos	baixaramos	baixaremos	baixariamos
Vós	baixades	baixabades	baixastes	baixarades	baixaredes	baixariades
Eles Elas Vdes.	baixan	baixaban	baixaron	baixaran	baixarán	baixarían

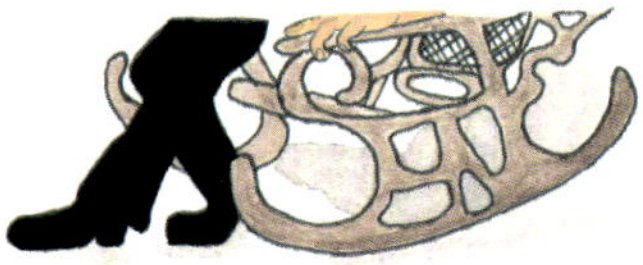

learnverbs.com

	Presente	Copretérito	Pretérito	Antepretérito	Futuro	Pospretérito
Eu	sento	sentaba	sentei	sentara	sentarei	sentaría
Ti	sentas	sentabas	sentaches	sentaras	sentarás	sentarías
El Ela Vde.	senta	sentaba	sentou	sentara	sentará	sentaría
Nós	sentamos	sentabamos	sentamos	sentaramos	sentaremos	sentariamos
Vós	sentades	sentabades	sentastes	sentarades	sentaredes	sentariades
Eles Elas Vdes.	sentan	sentaban	sentaron	sentaran	sentarán	sentarían

	Presente	Copretérito	Pretérito	Antepretérito	Futuro	Pospretérito
Eu	xogo	xogaba	xoguei	xogara	xogarei	xogaría
Ti	xogas	xogabas	xogaches	xogaras	xogarás	xogarías
El Ela Vde.	xoga	xogaba	xogou	xogara	xogará	xogaría
Nós	xogamos	xogabamos	xogamos	xogaramos	xogaremos	xogariamos
Vós	xogades	xogabades	xogastes	xogarades	xogaredes	xogariades
Eles Elas Vdes.	xogan	xogaban	xogaron	xogaran	xogarán	xogarían

	Presente	Copretérito	Pretérito	Antepretérito	Futuro	Pospretérito
Eu	poño	puña	puxen	puxera	porei	poría
Ti	pos	puñas	puxeches	puxeras	porás	porías
El Ela Vde.	pon	puña	puxo	puxera	porá	poría
Nós	pomos	puñamos	puxemos	puxeramos	poremos	poriamos
Vós	pondes	puñades	puxestes	puxerades	poredes	poriades
Eles Elas Vdes.	pon	puñan	puxeron	puxeran	porán	porían

	Presente	Copretérito	Pretérito	Antepretérito	Futuro	Pospretérito
Eu	perdo	perdía	perdín	perdera	perderei	perdería
Ti	perdes	perdías	perdiches	perderas	perderás	perderías
El Ela Vde.	perde	perdía	perdeu	perdera	perderá	perdería
Nós	perdemos	perdiamos	perdemos	perderamos	perderemos	perderiamos
Vós	perdedes	perdiades	perdestes	perderades	perderedes	perderiades
Eles Elas Vdes.	perden	perdían	perderon	perderan	perderán	perderían

	Presente	Copretérito	Pretérito	Antepretérito	Futuro	Pospretérito
Eu	esperto	espertaba	espertei	espertara	espertarei	espertaría
Ti	espertas	espertabas	espertaches	espertaras	espertarás	espertarías
El Ela Vde.	esperta	espertaba	espertou	espertara	espertará	espertaría
Nós	espertamos	espertabamos	espertamos	espertaramos	espertaremos	espertariamos
Vós	espertades	espertabades	espertastes	espertarades	espertaredes	espertariades
Eles Elas Vdes.	espertan	espertaban	espertaron	espertaran	espertarán	espertarían

	Presente	Copretérito	Pretérito	Antepretérito	Futuro	Pospretérito
Eu	corro	corría	corrín	correra	correrei	correría
Ti	corres	corrías	corriches	correras	correrás	correrías
El Ela Vde.	corre	corría	correu	correra	correrá	correría
Nós	corremos	corriamos	corremos	correramos	correremos	correriamos
Vós	corredes	corriades	correstes	correrades	correredes	correriades
Eles Elas Vdes.	corren	corrían	correron	correran	correrán	correrían

learnverbs.com

	Presente	Copretérito	Pretérito	Antepretérito	Futuro	Pospretérito
Eu	caio	caía	caín	caera	caerei	caería
Ti	caes	caías	caíches	caeras	caerás	caerías
El Ela Vde.	cae	caía	caeu	caera	caerá	caería
Nós	caemos	caïamos	caemos	caeramos	caeremos	caeriamos
Vós	caedes	caïades	caestes	caerades	caeredes	caeriades
Eles Elas Vdes.	caen	caían	caeron	caeran	caerán	caerían

Procurar

learnverbs.com

	Presente	Copretérito	Pretérito	Antepretérito	Futuro	Pospretérito
Eu	procuro	procuraba	procurei	procurara	procurarei	procuraría
Ti	procuras	procurabas	procuraches	procuraras	procurarás	procurarías
El Ela Vde.	procura	procuraba	procurou	procurara	procurará	procuraría
Nós	procuramos	procurabamos	procuramos	procuraramos	procuraremos	procurariamos
Vós	procurades	procurabades	procurastes	procurarades	procuraredes	procurariades
Eles Elas Vdes.	procuran	procuraban	procuraron	procuraran	procurarán	procurarían

	Presente	Copretérito	Pretérito	Antepretérito	Futuro	Pospretérito
Eu	saio	saía	saín	saíra	sairei	sairía
Ti	saes	saías	saíches	saíras	sairás	sairías
El Ela Vde.	sae	saía	saíu	saíra	sairá	sairía
Nós	saímos	saïamos	saímos	sairamos	sairemos	sairiamos
Vós	saídes	saïades	saístes	sairades	sairedes	sairiades
Eles Elas Vdes.	saen	saían	saíron	saíran	sairán	sairían

	Presente	Copretérito	Pretérito	Antepretérito	Futuro	Pospretérito
Eu	ducho dúchome	duchaba duchábame	duchei ducheime	duchara duchárame	ducharei duchareime	ducharía ducharíame
Ti	duchas dúchaste	duchabas duchábaste	duchaches ducháchesteste	ducharas ducháraste	ducharás ducharaste	ducharías duchariaste
El Ela Vde.	ducha dúchase	duchaba duchábase	duchou duchouse	duchara duchárase	duchará ducharase	ducharía ducharíase
Nós	duchamos duchámonos	duchabamos duchabámonos	duchamos duchámonos	ducharamos ducharámonos	ducharemos ducharémonos	duchariamos duchariámonos
Vós	duchades duchádesvos	duchabades duchabádesvos	duchastes duchástesvos	ducharades ducharádesvos	ducharedes ducharédesvos	duchariades duchariádesvos
Eles Elas Vdes.	duchan dúchanse	duchaban duchábanse	ducharon ducháronse	ducharan ducháranse	ducharán ducharanse	ducharían ducharíanse

learnverbs.com

	Presente	Copretérito	Pretérito	Antepretérito	Futuro	Pospretérito
Eu	peiteo peitéome	peiteaba peiteábame	peiteei peiteeime	peiteara peiteárame	peitearei peiteareime	peitearía peitearíame
Ti	peiteas peitéaste	peiteabas peiteábaste	peiteaches peiteácheste	peitearas peiteáraste	peitearás peitearaste	peitearías peitearíaste
El Ela Vde.	peitea peitéase	peiteaba peiteábase	peiteou peiteouse	peiteara peiteárase	peiteará peitearase	peitearía peitearíase
Nós	peiteamos peiteámonos	peiteabamos peiteabámonos	peiteamos peiteámonos	peitearamos peitearámonos	peitearemos peitearémonos	peiteariamos peiteariámonos
Vós	peiteades peiteádesvos	peiteabades peitabádesvos	peiteastes peiteástesvos	peitearades peitearádesvos	peitearedes peitearédesvos	peiteariades peiteariá desvos
Eles Elas Vdes.	peitean peitéanse	peiteaban peiteábanse	peitearon peiteáronse	peitearan peiteáranse	peitearán peitearanse	peitearían peitearíanse

	Presente	Copretérito	Pretérito	Antepretérito	Futuro	Pospretérito
Eu	visto vístome	vestía vestíame	vestín vestinme	vestira vestírame	vestirei vestireime	vestiría vestiríame
Ti	vistes vísteste	vestías vestíaste	vestiches vestícheste	vestiras vestíraste	vestirás vestiraste	vestirías vestiríaste
El Ela Vde.	viste vístese	vestía vestíase	vestiu vestiuse	vestira vestírase	vestirá vestirase	vestiría vestiríase
Nós	vestimos vestímonos	vestiamos vestiámonos	vestimos vestímonos	vestiramos vestirámonos	vestiremos vestirémonos	vestiriamos vestiriámonos
Vós	vestides vestídesvos	vestiades vestiádesvos	vestistes vestístesvos	vestirades vestirádesvos	vestiredes vestirédesvos	vestiriades vestiriádesvos
Eles Elas Vdes.	visten vístense	vestían vestíanse	vestiron vestíronse	vestiran vestíranse	vestirán vestiranse	vestirían vestiríanse

	Presente	Copretérito	Pretérito	Antepretérito	Futuro	Pospretérito
Eu	chego	chegaba	cheguei	chegara	chegarei	chegaría
Ti	chegas	chegabas	chegaches	chegaras	chegarás	chegarías
El Ela Vde.	chega	chegaba	chegou	chegara	chegará	chegaría
Nós	chegamos	chegabamos	chegamos	chegaramos	chegaremos	chegariamos
Vós	chegades	chegabades	chegastes	chegarades	chegaredes	chegariades
Eles Elas Vdes.	chegan	chegaban	chegaron	chegaran	chegarán	chegarían

	Presente	Copretérito	Pretérito	Antepretérito	Futuro	Pospretérito
Eu	vexo	vía	vin	vira	verei	vería
Ti	ves	vías	viches	viras	verás	verías
El Ela Vde.	ve	vía	viu	vira	verá	vería
Nós	vemos	viamos	vimos	viramos	veremos	veriamos
Vós	vedes	viades	vistes	virades	veredes	veriades
Eles Elas Vdes.	ven	vían	viron	viran	verán	verían

	Presente	Copretérito	Pretérito	Antepretérito	Futuro	Pospretérito
Eu	berro	berraba	berrei	berrara	berrarei	berraría
Ti	berras	berrabas	berraches	berraras	berrarás	berrarías
El Ela Vde.	berra	berraba	berrou	berrara	berrará	berraría
Nós	berramos	berrabamos	berramos	berraramos	berraremos	berrariamos
Vós	berrades	berrabades	berrastes	berrarades	berraredes	berrariades
Eles Elas Vdes.	berran	berraban	berraron	berraran	berrarán	berrarían

	Presente	Copretérito	Pretérito	An-tepretérito	Futuro	Pospretérito
Eu	oio	oía	oín	oíra	oirei	oiría
Ti	oes	oías	oíches	oíras	oirás	oirías
El Ela Vde.	oe	oía	oíu	oíra	oirá	oiría
Nós	oímos	oïamos	oímos	oiramos	oiremos	oiriamos
Vós	oídes	oïades	oístes	oirades	oiredes	oiriades
Eles Elas Vdes.	oen	oían	oíron	oíran	oirán	oirían

learnverbs.com

	Presente	Copretérito	Pretérito	Antepretérito	Futuro	Pospretérito
Eu	loito	loitaba	loitei	loitara	loitarei	loitaría
Ti	loitas	loitabas	loitaches	loitaras	loitarás	loitarías
El Ela Vde.	loita	loitaba	loitou	loitara	loitará	loitaría
Nós	loitamos	loitabamos	loitamos	loitaramos	loitaremos	loitariamos
Vós	loitades	loitabades	loitastes	loitarades	loitaredes	loitariades
Eles Elas Vdes.	loitan	loitaban	loitaron	loitaran	loitarán	loitarían

learnverbs.com

	Presente	Copretérito	Pretérito	An-tepretérito	Futuro	Pospretérito
Eu	separo	separaba	separei	separara	separarei	separaría
Ti	separas	separabas	separaches	separaras	separarás	separarías
El Ela Vde.	separa	separaba	separou	separara	separará	separaría
Nós	separamos	separabamos	separamos	separaramos	separaremos	separariamos
Vós	separades	separabades	separastes	separarades	separaredes	separariades
Eles Elas Vdes.	separan	separaban	separaron	separaran	separarán	separarían

	Presente	Copretérito	Pretérito	Antepretérito	Futuro	Pospretérito
Eu	pecho	pechaba	pechei	pechara	pecharei	pecharía
Ti	pechas	pechabas	pechaches	pecharas	pecharás	pecharías
El Ela Vde.	pecha	pechaba	pechou	pechara	pechará	pecharía
Nós	pechamos	pechabamos	pechamos	pecharamos	pecharemos	pechariamos
Vós	pechades	pechabades	pechastes	pecharades	pecharedes	pechariades
Eles Elas Vdes.	pechan	pechaban	pecharon	pecharan	pecharán	pecharían

	Presente	Copretérito	Pretérito	Antepretérito	Futuro	Pospretérito
Eu	esquezo	esquecía	esquecín	esquecera	esquecerei	esquecería
Ti	esqueces	esquecías	esqueciches	esqueceras	esquecerás	esquecerías
El Ela Vde.	esquece	esquecía	esqueceu	esquecera	esquecerá	esquecería
Nós	esquecemos	esqueciamos	esquecemos	esqueceramos	esqueceremos	esqueceriamos
Vós	esquecedes	esqueciades	esquecestes	esqueceradesRomance	esquecereds	esqueceriades
Eles Elas Vdes.	esquecen	esquecían	esqueceron	esqueceran	esquecerán	esquecerían

learnverbs.com

	Presente	Copretérito	Pretérito	Antepretérito	Futuro	Pospretérito
Eu	lembro	lembraba	lembrei	lembrara	lembrarei	lembraría
Ti	lembras	lembrabas	lembraches	lembraras	lembrarás	lembrarías
El Ela Vde.	lembra	lembraba	lembrou	lembrara	lembrará	lembraría
Nós	lembramos	lembrabamos	lembramos	lembraramos	lembraremos	lembrariamos
Vós	lembrades	lembrabades	lembrastes	lembrarades	lembraredes	lembrariades
Eles Elas Vdes.	lembran	lembraban	lembraron	lembraran	lembrarán	lembrarían

	Presente	Copretérito	Pretérito	Antepretérito	Futuro	Pospretérito
Eu						
Ti						
El Ela Vde.	chove	chovía	choveu	chovera	choverá	chovería
Nós						
Vós						
Eles Elas Vdes.						

	Presente	Copretérito	Pretérito	Antepretérito	Futuro	Pospretérito
Eu	falo	falaba	falei	falara	falarei	falaría
Ti	falas	falabas	falaches	falaras	falarás	falarías
El Ela Vde.	fala	falaba	falou	falara	falará	falaría
Nós	falamos	falabamos	falamos	falaramos	falaremos	falariamos
Vós	falades	falabades	falastes	falarades	falaredes	falariades
Eles Elas Vdes.	falan	falaban	falaron	falaran	falarán	falarían

	Presente	Copretérito	Pretérito	Antepretérito	Futuro	Pospretérito
Eu	tropezo	tropezaba	tropecei	tropezara	tropezarei	tropezaría
Ti	tropezas	tropezabas	tropezaches	tropezaras	tropezarás	tropezarías
El Ela Vde.	tropeza	tropezaba	tropezou	tropezara	tropezará	tropezaría
Nós	tropezamos	tropezabamos	tropezamos	tropezaramos	tropezaremos	tropezariamos
Vós	tropezades	tropezabades	tropezastes	tropezarades	tropezaredes	tropezariades
Eles Elas Vdes.	tropezan	tropezaban	tropezaron	tropezaran	tropezarán	tropezarían

	Presente	Copretérito	Pretérito	Antepretérito	Futuro	Pospretérito
Eu	xuto	xutaba	xutei	xutara	xutarei	xutaría
Ti	xutas	xutabas	xutaches	xutaras	xutarás	xutarías
El Ela Vde.	xuta	xutaba	xutou	xutara	xutará	xutaría
Nós	xutamos	xutabamos	xutamos	xutaramos	xutaremos	xutariamos
Vós	xutades	xutabades	xutastes	xutarades	xutaredes	xutariades
Eles Elas Vdes.	xutan	xutaban	xutaron	xutaran	xutarán	xutarían

	Presente	Copretérito	Pretérito	Antepretérito	Futuro	Pospretérito
Eu	penso	pensaba	pensei	pensara	pensarei	pensaría
Ti	pensas	pensabas	pensaches	pensaras	pensarás	pensarías
El Ela Vde.	pensa	pensaba	pensou	pensara	pensará	pensaría
Nós	pensamos	pensabamos	pensamos	pensaramos	pensaremos	pensariamos
Vós	pensades	pensabades	pensastes	pensarades	pensaredes	pensariades
Eles Elas Vdes.	pensan	pensaban	pensaron	pensaran	pensarán	pensarían

	Presente	Copretérito	Pretérito	Antepretérito	Futuro	Pospretérito
Eu	son	era	fun	fora	serei	sería
Ti	es	eras	fuches	foras	serás	serías
El Ela Vde.	é	era	foi	fora	será	sería
Nós	somos	eramos	fomos	foramos	seremos	seriamos
Vós	sodes	erades	fostes	forades	seredes	seriades
Eles Elas Vdes.	son	eran	foron	foran	serán	serían

	Presente	Copretérito	Pretérito	Antepretérito	Futuro	Pospretérito
Eu	decido	decidía	decidín	decidira	decidirei	decidiría
Ti	decides	decidías	decidiches	decidiras	decidirás	decidirías
El Ela Vde.	decide	decidía	decidiu	decidira	decidirá	decidiría
Nós	decidimos	decidiamos	decidimos	decidiramos	decidiremos	decidiriamos
Vós	decidides	decidiades	decidistes	decidirades	decidiredes	decidiriades
Eles Elas Vdes.	deciden	decidían	decidiron	decidiran	decidirán	decidirían

learnverbs.com

	Presente	Copretérito	Pretérito	Antepretérito	Futuro	Pospretérito
Eu	sei	sabía	souben	soubera	saberei	sabería
Ti	sabes	sabías	soubeches	souberas	saberás	saberías
El Ela Vde.	sabe	sabía	soubo	soubera	saberá	sabería
Nós	sabemos	sabiamos	soubemos	souberamos	saberemos	saberiamos
Vós	sabedes	sabiades	soubestes	souberades	saberedes	saberiades
Eles Elas Vdes.	saben	sabían	souberon	souberan	saberán	saberían

	Presente	Copretérito	Pretérito	Antepretérito	Futuro	Pospretérito
Eu	cambio	cambiaba	cambiei	cambiara	cambiarei	cambiaría
Ti	cambias	cambiabas	cambiaches	cambiaras	cambiarás	cambiarías
El Ela Vde.	cambia	cambiaba	cambiou	cambiara	cambiará	cambiaría
Nós	cambiamos	cambiabamos	cambiamos	cambiaramos	cambiaremos	cambiariamos
Vós	cambiades	cambiabades	cambiastes	cambiarades	cambiaredes	cambiariades
Eles Elas Vdes.	cambian	cambiaban	cambiaron	cambiaran	cambiarán	cambiarían

	Presente	Copretérito	Pretérito	Antepretérito	Futuro	Pospretérito
Eu	aprendo	aprendía	aprendín	aprendera	aprenderei	aprendería
Ti	aprendes	aprendías	aprendiches	aprenderas	aprenderás	aprenderías
El Ela Vde.	aprende	aprendía	aprendeu	aprendera	aprenderá	aprendería
Nós	aprendemos	aprendiamos	aprendemos	aprenderamos	aprenderemos	aprenderiamos
Vós	aprendedes	aprendiades	aprendestes	aprenderades	aprenderedes	aprenderiades
Eles Elas Vdes.	aprenden	aprendían	aprenderon	aprenderan	aprenderán	aprenderían

	Presente	Copretérito	Pretérito	Antepretérito	Futuro	Pospretérito
Eu	estudo	estudaba	estudei	estudara	estudarei	estudaría
Ti	estudas	estudabas	estudaches	estudaras	estudarás	estudarías
El Ela Vde.	estudo	estudaba	estudou	estudara	estudará	estudaría
Nós	estudamos	estudabamos	estudamos	estudaramos	estudaremos	estudariamos
Vós	estudades	estudabades	estudastes	estudarades	estudaredes	estudariades
Eles Elas Vdes.	estudan	estudaban	estudaron	estudaran	estudarán	estudarían

learnverbs.com

	Presente	Copretérito	Pretérito	Antepretérito	Futuro	Pospretérito
Eu	soño	soñaba	soñei	soñara	soñarei	soñaría
Ti	soñas	soñabas	soñaches	soñaras	soñarás	soñarías
El Ela Vde.	soña	soñaba	soñou	soñara	soñará	soñaría
Nós	soñamos	soñabamos	soñamos	soñaramos	soñaremos	soñariamos
Vós	soñades	soñabades	soñastes	soñarades	soñaredes	soñariades
Eles Elas Vdes.	soñan	soñaban	soñaron	soñaran	soñarán	soñarían

	Presente	Copretérito	Pretérito	Antepretérito	Futuro	Pospretérito
Eu	comezo	comezaba	comecei	comezara	comezarei	comezaría
Ti	comezas	comezabas	comezaches	comezaras	comezarás	comezarías
El Ela Vde.	comeza	comezaba	comezou	comezara	comezará	comezaría
Nós	comezamos	comezabamos	comezamos	comezaramos	comezaremos	comezariamos
Vós	comezades	comezabades	comezastes	comezarades	comezaredes	comezariades
Eles Elas Vdes.	comezan	comezaban	comezaron	comezaran	comezarán	comezarían

	Presente	Copretérito	Pretérito	Antepretérito	Futuro	Pospretérito
Eu	remato	remataba	rematei	rematara	rematarei	remataría
Ti	rematas	rematabas	remataches	remataras	rematarás	rematarías
El Ela Vde.	remata	remataba	rematou	rematara	rematará	remataría
Nós	rematamos	rematabamos	rematamos	remataramos	remtaremos	rematariamos
Vós	rematades	rematabades	rematastes	rematarades	remataredes	rematariades
Eles Elas Vdes.	rematan	remataban	remataron	remataran	rematarán	rematarían

	Presente	Copretérito	Pretérito	Antepretérito	Futuro	Pospretérito
Eu	gaño	gañaba	gañei	gañara	gañarei	gañaría
Ti	gañas	gañabas	gañaches	gañaras	gañarás	gañarías
El Ela Vde.	gaña	gañaba	gañou	gañara	gañará	gañaría
Nós	gañamos	gañabamos	gañamos	gañaramos	gañaremos	gañariamos
Vós	gañades	gañabades	gañastes	gañarades	gañaredes	gañariades
Eles Elas Vdes.	gañan	gañaban	gañaron	gañaran	gañarán	gañarían

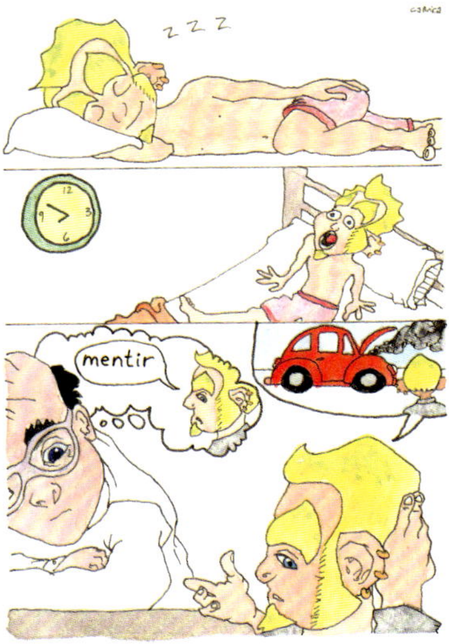

learnverbs.com

	Presente	Copretérito	Pretérito	Antepretérito	Futuro	Pospretérito
Eu	minto	mentía	mentín	mentira	mentirei	mentiría
Ti	mentes	mentías	mentiches	mentiras	mentirás	mentirías
El Ela Vde.	mente	mentía	mentiu	mentira	mentirá	mentiría
Nós	mentimos	mentiamos	mentimos	mentiramos	mentiremos	mentiriamos
Vós	mentides	mentiades	mentistes	mentirades	mentiredes	mentiriades
Eles Elas Vdes.	menten	mentían	mentiron	mentiran	mentirán	mentirían

	Presente	Copretérito	Pretérito	Antepretérito	Futuro	Pospretérito
Eu	avalío	avaliaba	avaliei	avaliara	avaliarei	avaliaría
Ti	avalías	avaliabas	avaliaches	avaliaras	avaliarás	avaliarías
El Ela Vde.	avalía	avaliaba	avaliou	avaliara	avaliará	avaliaría
Nós	avaliamos	avaliabamos	avaliamos	avaliaramos	avaliaremos	avaliariamos
Vós	avaliades	avaliabades	avaliastes	avaliarades	avaliaredes	avaliariades
Eles Elas Vdes.	avalían	avaliaban	avaliaron	avaliaran	avaliarán	avaliarían

	Presente	Copretérito	Pretérito	Antepretérito	Futuro	Pospretérito
Eu	conduzo	conducía	conducín	conducira	conducirei	conduciría
Ti	conduces	conducías	conduciches	conduciras	conducirás	conducirías
El Ela Vde.	conduce	conducía	conduciu	conducira	conducirá	conduciría
Nós	conducimos	conduciamos	conducimos	conduciramos	conduciremos	conduciriamos
Vós	conducides	conduciades	conducistes	conducirades	conduciredes	conduciriades
Eles Elas Vdes.	conducen	conducían	conduciron	conduciran	conducirán	conducirían

	Presente	Copretérito	Pretérito	Antepretérito	Futuro	Pospretérito
Eu	conto	contaba	contei	contara	contarei	contaría
Ti	contas	contabas	contaches	contaras	contarás	contarías
El Ela Vde.	conta	contaba	contou	contara	contará	contaría
Nós	contamos	contabamos	contamos	contaramos	contaremos	contariamos
Vós	contades	contabades	contastes	contarades	contaredes	contariades
Eles Elas Vdes.	contan	contaban	contaron	contaran	contarán	contarían

	Presente	Copretérito	Pretérito	Antepretérito	Futuro	Pospretérito
Eu	arranxo	arranxaba	arranxei	arranxara	arranxarei	arranxaría
Ti	arranxas	arranxabas	arranxaches	arranxaras	arranxarás	arranxarías
El Ela Vde.	arranxa	arranxaba	arranxou	arranxara	arranxará	arranxaría
Nós	arranxamos	arranxabamos	arranxamos	arranxaramos	arranxaremos	arranxariamos
Vós	arranxades	arranxabades	arranxastes	arranxarades	arranxaredes	arranxariades
Eles Elas Vdes.	arranxan	arranxaban	arranxaron	arranxaran	arranxarán	arranxarían

	Presente	Copretérito	Pretérito	Antepretérito	Futuro	Pospretérito
Eu	constrúo	construía	construín	construíra	construirei	construiría
Ti	constrúes	construías	construíches	construíras	construirás	construirías
El Ela Vde.	constrúe	construía	construíu	construíra	construirá	construiría
Nós	construímos	construïamos	construímos	construiramos	construiremos	construiriamos
Vós	construídes	construïades	construístes	construirades	construiredes	construiriades
Eles Elas Vdes.	constrúen	construían	construíron	construíran	construirán	construirían

	Presente	Copretérito	Pretérito	Antepretérito	Futuro	Pospretérito
Eu	limpo	limpaba	limpei	limpara	limparei	limparía
Ti	limpas	limpabas	limpaches	limparas	limparás	limparías
El Ela Vde.	limpa	limpaba	limpou	limpara	limpará	limparía
Nós	limpamos	limpabamos	limpamos	limparamos	limparemos	limpariamos
Vós	limpades	limpabades	limpastes	limparades	limparedes	limpariades
Eles Elas Vdes.	limpan	limpaban	limparon	limparan	limparán	limparían

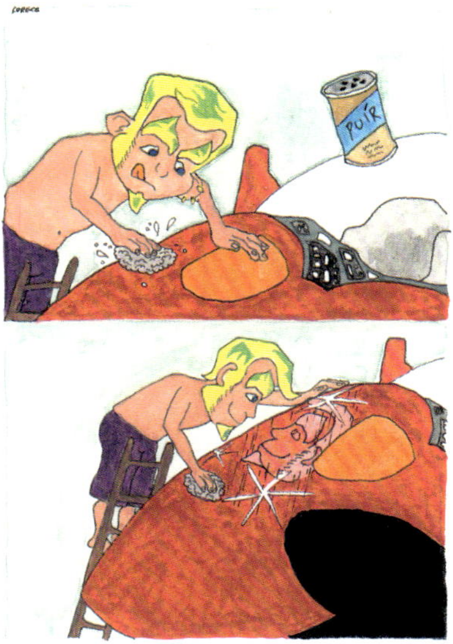

	Presente	Copretérito	Pretérito	Antepretérito	Futuro	Pospretérito
Eu	púo	puía	puín	puíra	puirei	puiría
Ti	púes	puías	puíches	puíras	puirás	puirías
El Ela Vde.	púe	puía	puíu	puíra	puirá	puiría
Nós	puímos	puïamos	puímos	puiramos	puiremos	puiriamos
Vós	puídes	puïades	puístes	puirades	puiredes	puiriades
Eles Elas Vdes.	púen	puían	puíron	puíran	puirán	puirían

learnverbs.com

	Presente	Copretérito	Pretérito	Antepretérito	Futuro	Pospretérito
Eu	escribo	escribía	escribín	escribira	escribirei	escribiría
Ti	escribes	escribías	escribiches	escribiras	escribirás	escribirías
El Ela Vde.	escribe	escribía	escribiu	escribira	escribirá	escribiría
Nós	escribimos	escribiamos	escribimos	escribiramos	escribiremos	escribiriamos
Vós	escribides	escribiades	escribistes	escribirades	escribiredes	escribiriades
Eles Elas Vdes.	escriben	escribían	escribiron	escribiran	escribirán	escribirían

	Presente	Copretérito	Pretérito	Antepretérito	Futuro	Pospretérito
Eu	recibo	recibía	recibín	recibira	recibirei	recibiría
Ti	recibes	recibías	recibiches	recibiras	recibirás	recibirías
El Ela Vde.	recibe	recibía	recibiu	recibira	recibirá	recibiría
Nós	recibimos	recibiamos	recibimos	recibiramos	recibiremos	recibiriamos
Vós	recibides	recibiades	recibistes	recibirades	recibiredes	recibiriades
Eles Elas Vdes.	reciben	recibían	recibiron	recibiran	recibirán	recibirían

	Presente	Copretérito	Pretérito	Antepretérito	Futuro	Pospretérito
Eu	dou	daba	dei	dera	darei	daría
Ti	dás	dabas	deches	deras	darás	darías
El Ela Vde.	dá	daba	deu	dera	dará	daría
Nós	damos	dabamos	demos	deramos	daremos	dariamos
Vós	dades	dabades	destes	derades	daredes	dariades
Eles Elas Vdes.	dan	daban	deron	deran	darán	darían

	Presente	Copretérito	Pretérito	Antepretérito	Futuro	Pospretérito
Eu	mostro	mostraba	mostrei	mostrara	mostrarei	mostraría
Ti	mostras	mostrabas	mostraches	mostraras	mostrarás	mostrarías
El Ela Vde.	mostra	mostraba	mostrou	mostrara	mostrará	mostraría
Nós	mostramos	mostrabamos	mostramos	mostraramos	mostraremos	mostrariamos
Vós	mostrades	mostrabades	mostrastes	mostrarades	mostraredes	mostrariades
Eles Elas Vdes.	mostran	mostraban	mostraron	mostraran	mostrarán	mostrarían

	Presente	Copretérito	Pretérito	Antepretérito	Futuro	Pospretérito
Eu	bico	bicaba	biquei	bicara	bicarei	bicaría
Ti	bicas	bicabas	bicaches	bicaras	bicarás	bicarías
El Ela Vde.	bica	bicaba	bicou	bicara	bicará	bicaría
Nós	bicamos	bicabamos	bicamos	bicaramos	bicaremos	bicariamos
Vós	bicades	bicabades	bicastes	bicarades	bicaredes	bicariades
Eles Elas Vdes.	bican	bicaban	bicaron	bicaran	bicarán	bicarían

	Presente	Copretérito	Pretérito	Antepretérito	Futuro	Pospretérito
Eu	merco	mercaba	merquei	mercara	mercarei	mercaría
Ti	mercas	mercabas	mercaches	mercaras	mercarás	mercarías
El Ela Vde.	merca	mercaba	mercou	mercara	mercará	mercaría
Nós	mercamos	mercabamos	mercamos	mercaramos	mercaremos	mercariamos
Vós	mercades	mercabades	mercastes	mercarades	mercaredes	mercariades
Eles Elas Vdes.	mercan	mercaban	mercaron	mercaran	mercarán	mercarían

	Presente	Copretérito	Pretérito	Antepretérito	Futuro	Pospretérito
Eu	pago	pagaba	paguei	pagara	pagarei	pagaría
Ti	pagas	pagabas	pagaches	pagaras	pagarás	pagarías
El Ela Vde.	paga	pagaba	pagou	pagara	pagará	pagaría
Nós	pagamos	pagabamos	pagamos	pagaramos	pagaremos	pagariamos
Vós	pagades	pagabades	pagastes	pagarades	pagaredes	pagariades
Eles Elas Vdes.	pagan	pagaban	pagaron	pagaran	pagarán	pagarían

	Presente	Copretérito	Pretérito	Antepretérito	Futuro	Pospretérito
Eu	vou	ía	fun	fora	irei	iría
Ti	vas	ías	fuches	foras	irás	irías
El Ela Vde.	vai	ía	foi	fora	irá	iría
Nós	imos	iamos	fomos	foramos	iremos	iriamos
Vós	ides	iades	fostes	forades	iredes	iriades
Eles Elas Vdes.	van	ían	foron	foran	irán	irían

	Presente	Copretérito	Pretérito	Antepretérito	Futuro	Pospretérito
Eu	caso	casaba	casei	casara	casarei	casaría
Ti	casas	casabas	casaches	casaras	casarás	casarías
El Ela Vde.	casa	casaba	casou	casara	casará	casaría
Nós	casamos	casabamos	casamos	casaramos	casaremos	casariamos
Vós	casades	casabades	casastes	casarades	casaredes	casariades
Eles Elas Vdes.	casan	casaban	casaron	casaran	casarán	casarían

	Presente	Copretérito	Pretérito	Antepretérito	Futuro	Pospretérito
Eu	prohibo	prohibía	prohibín	prohibira	prohibirei	prohibiría
Ti	prohibes	prohibías	prohibiches	prohibiras	prohibirás	prohibirías
El Ela Vde.	prohibe	prohibía	prohibiu	prohibira	prohibirá	prohibiría
Nós	prohibimos	prohibiamos	prohibimos	prohibiramos	prohibiremos	prohibiriamos
Vós	prohibides	prohibiades	prohibistes	prohibirades	prohibiredes	prohibiriades
Eles Elas Vdes.	prohiben	prohibían	prohibiron	prohibiran	prohibirán	prohibirían

	Presente	Copretérito	Pretérito	Antepretérito	Futuro	Pospretérito
Eu	nado	nadaba	nadei	nadara	nadarei	nadaría
Ti	nadas	nadabas	nadaches	nadaras	nadarás	nadarías
El Ela Vde.	nada	nadaba	nadou	nadara	nadará	nadaría
Nós	nadamos	nadabamos	nadamos	nadaramos	nadaremos	nadariamos
Vós	nadades	nadabades	nadastes	nadarades	nadaredes	nadariades
Eles Elas Vdes.	nadan	nadaban	nadaron	nadaran	nadarán	nadarían

learnverbs.com

	Presente	Copretérito	Pretérito	Antepretérito	Futuro	Pospretérito
Eu	amo	amaba	amei	amara	amarei	amaría
Ti	amas	amabas	amaches	amaras	amarás	amarías
El Ela Vde.	ama	amaba	amou	amara	amará	amaría
Nós	amamos	amabamos	amamos	amaramos	amaremos	amariamos
Vós	amades	amabades	amastes	amarades	amaredes	amariades
Eles Elas Vdes.	aman	amaban	amaron	amaran	amarán	amarían

learnverbs.com

	Presente	Copretérito	Pretérito	Antepretérito	Futuro	Pospretérito
Eu	salto	saltaba	saltei	saltara	saltarei	saltaría
Ti	saltas	saltabas	saltaches	saltaras	saltarás	saltarías
El Ela Vde.	salta	saltaba	saltou	saltara	saltará	saltaría
Nós	saltamos	saltabamos	saltamos	saltaramos	saltaremos	saltariamos
Vós	saltades	saltabades	saltastes	saltarades	saltaredes	saltariades
Eles Elas Vdes.	saltan	saltaban	saltaron	saltaran	saltarán	saltarían

	Presente	Copretérito	Pretérito	Antepretérito	Futuro	Pospretérito
Eu	viro	viraba	virei	virara	virarei	viraría
Ti	viras	virabas	viraches	viraras	virarás	virarías
El Ela Vde.	vira	viraba	virou	virara	virará	viraría
Nós	viramos	virabamos	viramos	viraramos	viraremos	virariamos
Vós	virades	virabades	virastes	virarades	viraredes	virariades
Eles Elas Vdes.	viran	viraban	viraron	viraran	virarán	virarían

	Presente	Copretérito	Pretérito	Antepretérito	Futuro	Pospretérito
Eu	axexo	axexaba	axexei	axexara	axexarei	axexaría
Ti	axexas	axexabas	axexaches	axexaras	axexarás	axexarías
El Ela Vde.	axexa	axexaba	axexou	axexara	axexará	axexaría
Nós	axexamos	axexabamos	axexamos	axexaramos	axexaremos	axexariamos
Vós	axexades	axexabades	axexastes	axexarades	axexaredes	axexariades
Eles Elas Vdes.	axexan	axexaban	axexaron	axexaran	axexarán	axexarían

	Presente	Copretérito	Pretérito	Antepretérito	Futuro	Pospretérito
Eu	volvo	volvía	volvín	volvera	volverei	volvería
Ti	volves	volvías	volviches	volveras	volverás	volverías
El Ela Vde.	volve	volvía	volveu	volvera	volverá	volvería
Nós	volvemos	volviamos	volvemos	volveramos	volveremos	volveriamos
Vós	volvedes	volviades	volvestes	volverades	volveredes	volveriades
Eles Elas Vdes.	volven	volvían	volveron	volveran	volverán	volverían

	Presente	Copretérito	Pretérito	Antepretérito	Futuro	Pospretérito
Eu	camiño	camiñaba	camiñei	camiñara	camiñarei	camiñaría
Ti	camiñas	camiñabas	camiñaches	camiñaras	camiñarás	camiñarías
El Ela Vde.	camiña	camiñaba	camiñou	camiñara	camiñará	camiñaría
Nós	camiñamos	camiñabamos	camiñamos	camiñaramos	camiñaremos	camiñariamos
Vós	camiñades	camiñabades	camiñastes	camiñarades	camiñaredes	camiñariades
Eles Elas Vdes.	camiñan	camiñaban	camiñaron	camiñaran	camiñarán	camiñarían

	Presente	Copretérito	Pretérito	Antepretérito	Futuro	Pospretérito
Eu	pido	pedía	pedín	pedira	pedirei	pediría
Ti	pides	pedías	pediches	pediras	pedirás	pedirías
El Ela Vde.	pide	pedía	pediu	pedira	pedirá	pediría
Nós	pedimos	pediamos	pedimos	pediramos	pediremos	pediriamos
Vós	pedides	pediades	pedistes	pedirades	pediredes	pediriades
Eles Elas Vdes.	piden	pedían	pediron	pediran	pedirán	pedirían

	Presente	Copretérito	Pretérito	An-tepretérito	Futuro	Pospretérito
Eu	entro	entraba	entrei	entrara	entrarei	entraría
Ti	entras	entrabas	entraches	entraras	entrarás	entrarías
El Ela Vde.	entra	entraba	entrou	entrara	entrará	entraría
Nós	entramos	entrabamos	entramos	entraramos	entraremos	entrariamos
Vós	entrades	entrabades	entrastes	entrarades	entraredes	entrariades
Eles Elas Vdes.	entran	entraban	entraron	entraran	entrarán	entrarían

	Presente	Copretérito	Pretérito	Antepretérito	Futuro	Pospretérito
Eu	chamo	chamaba	chamei	chamara	chamarei	chamaría
Ti	chamas	chamabas	chamaches	chamaras	chamarás	chamarías
El Ela Vde.	chama	chamaba	chamou	chamara	chamará	chamaría
Nós	chamamos	chamabamos	chamamos	chamaramos	chamaremos	chamariamos
Vós	chamades	chamabades	chamastes	chamarades	chamaredes	chamariades
Eles Elas Vdes.	chaman	chamaban	chamaron	chamaran	chamarán	chamarían

	Presente	Copretérito	Pretérito	Antepretérito	Futuro	Pospretérito
Eu	veño	viña	vin	viñera	virei	viría
Ti	vés	viñas	viñeches	viñeras	virás	virías
El Ela Vde.	vén	viña	veu	viñera	virá	viría
Nós	vimos	viñamos	viñemos	viñeramos	viremos	viriamos
Vós	vindes/ vides	viñades	viñestes	viñerades	viredes	viriades
Eles Elas Vdes.	veñen	viñan	viñeron	viñeran	virán	virían

	Presente	Copretérito	Pretérito	Antepretérito	Futuro	Pospretérito
Eu	sigo	seguía	seguín	seguira	seguirei	seguiría
Ti	segues	seguías	seguiches	seguiras	seguirás	seguirías
El Ela Vde.	segue	seguía	seguiu	seguira	seguirá	seguiría
Nós	seguimos	seguiamos	seguimos	seguiramos	seguiremos	seguiriamos
Vós	seguides	seguiades	seguistes	seguirades	seguiredes	seguiriades
Eles Elas Vdes.	seguen	seguían	seguiron	seguiran	seguirán	seguirían

	Presente	Copretérito	Pretérito	Antepretérito	Futuro	Pospretérito
Eu	deteño	detiña	detiven	detivera	deterei	detería
Ti	detés	detiñas	detiveches	detiveras	deterás	deterías
El Ela Vde.	detén	detiña	detivo	detivera	deterá	detería
Nós	detemos	detiñamos	detivemos	detiveramos	deteremos	deteriamos
Vós	detendes/ detedes	detiñades	detivestes	detiverades	deteredes	deteriades
Eles Elas Vdes.	deteñen	detiñan	detiveron	detiveran	deterán	deterían

	Presente	Copretérito	Pretérito	Antepretérito	Futuro	Pospretérito
Eu	agardo	agardaba	agardei	agardara	agardarei	agardaría
Ti	agardas	agardabas	agardaches	agardaras	agardarás	agardarías
El Ela Vde.	agarda	agardaba	agardou	agardara	agardará	agardaría
Nós	agardamos	agardabamos	agardamos	agardaramos	agardaremos	agardariamos
Vós	agardades	agardabades	agardastes	agardarades	agardaredes	agardariades
Eles Elas Vdes.	agardan	agardaban	agardaron	agardaran	agardarán	agardarían

	Presente	Copretérito	Pretérito	Antepretérito	Futuro	Pospretérito
Eu	saúdo	saudaba	saudei	saudara	saudarei	saudaría
Ti	saúdas	saudabas	saudaches	saudaras	saudarás	saudarías
El Ela Vde.	saúda	saudaba	saudou	saudara	saudará	saudaría
Nós	saudamos	saudabamos	saudamos	saudaramos	saudaremos	saudariamos
Vós	saudades	saudabades	saudastes	saudarades	saudaredes	saudariades
Eles Elas Vdes.	saúdan	saudaban	saudaron	saudaran	saudarán	saudarían

	Presente	Copretérito	Pretérito	Antepretérito	Futuro	Pospretérito
Eu	viaxo	viaxaba	viaxei	viaxara	viaxarei	viaxaría
Ti	viaxas	viaxabas	viaxaches	viaxaras	viaxarás	viaxarías
El Ela Vde.	viaxa	viaxaba	viaxou	viaxara	viaxará	viaxaría
Nós	viaxamos	viaxabamos	viaxamos	viaxaramos	viaxaremos	viaxariamos
Vós	viaxades	viaxabades	viaxastes	viaxarades	viaxaredes	viaxariades
Eles Elas Vdes.	viaxan	viaxaban	viaxaron	viaxaran	viaxarán	viaxarían

	Presente	Copretérito	Pretérito	Antepretérito	Futuro	Pospretérito
Eu	bato	batía	batín	batera	baterei	batería
Ti	bates	batías	batiches	bateras	baterás	baterías
El Ela Vde.	bate	batía	bateu	batera	baterá	batería
Nós	batemos	batiamos	batemos	bateramos	bateremos	bateriamos
Vós	batedes	batiades	batestes	baterades	bateredes	bateriades
Eles Elas Vdes.	baten	batían	bateron	bateran	baterán	baterían

	Presente	Copretérito	Pretérito	Antepretérito	Futuro	Pospretérito
Eu	reparo	reparaba	reparei	reparara	repararei	repararía
Ti	reparas	reparabas	reparaches	repararas	repararás	repararías
El Ela Vde.	repara	reparaba	reparou	reparara	reparará	repararía
Nós	reparamos	reparabamos	reparamos	repararamos	repararemos	repárariamos
Vós	reparades	reparabades	reparastes	repararades	reparáredes	repárariades
Eles Elas Vdes.	reparan	reparaban	repararon	repararan	repararán	repararían

learnverbs.com

	Presente	Copretérito	Pretérito	Antepretérito	Futuro	Pospretérito
Eu	calo	calaba	calei	calara	calarei	calaría
Ti	calas	calabas	calaches	calaras	calarás	calarías
El Ela Vde.	cala	calaba	calou	calara	calará	calaría
Nós	calamos	calabamos	calamos	calaramos	calaremos	calariamos
Vós	calades	calabades	calastes	calarades	calaredes	calariades
Eles Elas Vdes.	calan	calaban	calaron	calaran	calarán	calarían

	Presente	Copretérito	Pretérito	Antepretérito	Futuro	Pospretérito
Eu	acendo	acendía	acendín	acendera	acenderei	acendería
Ti	acendes	acendías	acendiches	acenderas	acenderás	acenderías
El Ela Vde.	acende	acendía	acendeu	acendera	acenderá	acendería
Nós	acendemos	acendiamos	acendemos	acenderamos	acenderemos	acenderiamos
Vós	acendedes	acendiades	acendestes	acenderades	acenderedes	acenderiades
Eles Elas Vdes.	acenden	acendían	acenderon	acenderan	acenderán	acenderían

learnverbs.com

	Presente	Copretérito	Pretérito	Antepretérito	Futuro	Pospretérito
Eu	levo	levaba	levei	levara	levarei	levaría
Ti	levas	levabas	levaches	levaras	levarás	levarías
El Ela Vde.	leva	levaba	levou	levara	levará	levaría
Nós	levamos	levabamos	levamos	levaramos	levaremos	levariamos
Vós	levades	levabades	levastes	levarades	levaredes	levariades
Eles Elas Vdes.	levan	levaban	levaron	levaran	levarán	levarían

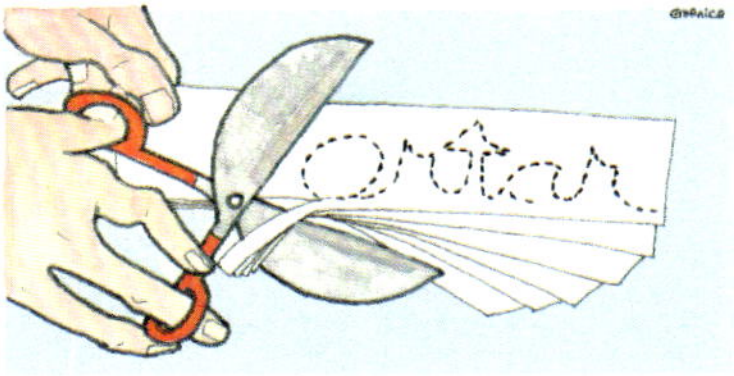

learnverbs.com

	Presente	Copretérito	Pretérito	Antepretérito	Futuro	Pospretérito
Eu	corto	cortaba	cortei	cortara	cortarei	cortaría
Ti	cortas	cortabas	cortaches	cortaras	cortarás	cortarías
El Ela Vde.	corta	cortaba	cortou	cortara	cortará	cortaría
Nós	cortamos	cortabamos	cortamos	cortaramos	cortaremos	cortariamos
Vós	cortades	cortabades	cortastes	cortarades	cortaredes	cortariades
Eles Elas Vdes.	cortan	cortaban	cortaron	cortaran	cortarán	cortarían

	Presente	Copretérito	Pretérito	Antepretérito	Futuro	Pospretérito
Eu	fago	facía	fixen	fixera	farei	faría
Ti	fas	facías	fixeches	fixera	farás	farías
El Ela Vde.	fai	facía	fixo	fixera	fará	faría
Nós	facemos	faciamos	fixemos	fixeramos	faremos	fariamos
Vós	facedes	faciades	fixestes	fixerades	faredes	fariades
Eles Elas Vdes.	fan	facían	fixeron	fixeran	farán	farían

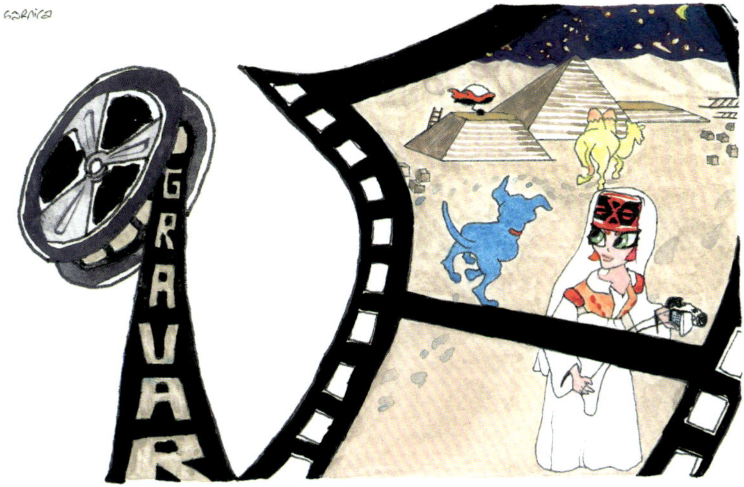

	Presente	Copretérito	Pretérito	Antepretérito	Futuro	Pospretérito
Eu	gravo	gravaba	gravei	gravara	gravarei	gravaría
Ti	gravas	gravabas	gravaches	gravaras	gravarás	gravarías
El Ela Vde.	grava	gravaba	gravou	gravara	gravará	gravaría
Nós	gravamos	gravabamos	gravamos	gravaramos	gravaremos	gravariamos
Vós	gravades	gravabades	gravastes	gravarades	gravaredes	gravariades
Eles Elas Vdes.	gravan	gravaban	gravaron	gravaran	gravarán	gravarían

learnverbs.com

	Presente	Copretérito	Pretérito	Antepretérito	Futuro	Pospretérito
Eu	como	comía	comín	comera	comerei	comería
Ti	comes	comías	comiches	comeras	comerás	comerías
El Ela Vde.	come	comía	comeu	comera	comerá	comería
Nós	comemos	comiamos	comemos	comeramos	comeremos	comeriamos
Vós	comedes	comiades	comestes	comerades	comeredes	comeriades
Eles Elas Vdes.	comen	comían	comeron	comeran	comerán	comerían

	Presente	Copretérito	Pretérito	Antepretérito	Futuro	Pospretérito
Eu	paseo	paseaba	paseei	paseara	pasearei	pasearía
Ti	paseas	paseabas	paseaches	pasearas	pasearás	pasearías
El Ela Vde.	pasea	paseaba	paseou	paseara	paseará	pasearía
Nós	paseamos	paseabamos	paseamos	pasearamos	pasearemos	paseariamos
Vós	paseades	paseabades	paseastes	pasearades	pasearedes	paseariades
Eles Elas Vdes.	pasean	paseaban	pasearon	pasearan	pasearán	pasearían

	Presente	Copretérito	Pretérito	Antepretérito	Futuro	Pospretérito
Eu	estou	estaba	estiven	estivera	estarei	estaría
Ti	estás	estabas	estiveches	estiveras	estarás	estarías
El Ela Vde.	está	estaba	estivo	estivera	estará	estaría
Nós	estamos	estabamos	estivemos	estiveramos	estaremos	estariamos
Vós	estades	estabades	estivestes	estiverades	estaredes	estariades
Eles Elas Vdes.	están	estaban	estiveron	estiveran	estarán	estarían

	Presente	Copretérito	Pretérito	Antepretérito	Futuro	Pospretérito
Eu	paro	paraba	parei	parara	pararei	pararía
Ti	paras	parabas	paraches	pararas	pararás	pararías
El Ela Vde.	para	paraba	parou	parara	parará	pararía
Nós	paramos	parabamos	paramos	pararamos	pararemos	parariamos
Vós	parades	parabades	parastes	pararades	pararedes	parariades
Eles Elas Vdes.	paran	paraban	pararon	pararan	pararán	pararían

Index

English

Español

Galego

Other books by Tsunami Systems

Learn 101 Verbs in 1 Day Series

Learn 101 Spanish Verbs in 1 Day	ISBN 84-609-4539-1
Learn 101 Spanish Verbs in 1 Day (large format)	ISBN 84-607-9637-X
Learn 101 Phrasal Verbs in 1 Day	ISBN 84-609-5469-2
Learn 101 Catalan Verbs in 1 Day	ISBN 84-609-5468-4
Learn 101 English Verbs in 1 Day	ISBN 84-609-4541-3
Learn 101 French Verbs in 1 Day	ISBN 84-609-4545-6
Learn 101 German Verbs in 1 Day	ISBN 84-609-4537-5
Learn 101 Italian Verbs in 1 Day	ISBN 84-609-4540-0
Learn 101 Portuguese Verbs in 1 Day	ISBN 84-609-4543-X

Otros libros de Tsunami Systems

Aprende en un dia 101 verbos

Aprende en un dia 101 verbos en Catalán	ISBN 84-609-4547-2
Aprende en un dia 101 verbos en Inglés	ISBN 84-609-4552-9
Aprende en un dia 101 verbos en Francés	ISBN 84-609-4549-9
Aprende en un dia 101 verbos en Alemán	ISBN 84-609-5463-3
Aprende en un dia 101 verbos en Italiano	ISBN 84-609-5467-6
Aprende en un dia 101 verbos en Portugués	ISBN 84-609-5465-X
Aprende en un dia 101 verbos en Español	ISBN 84-609-5466-8